BEI GRIN MACHT SICH IHR WISSEN BEZAHLT

AF149144

- Wir veröffentlichen Ihre Hausarbeit,
  Bachelor- und Masterarbeit

- Ihr eigenes eBook und Buch -
  weltweit in allen wichtigen Shops

- Verdienen Sie an jedem Verkauf

Jetzt bei www.GRIN.com hochladen und kostenlos publizieren

Robin Materne

Utilitarismus

GRIN Verlag

gelten soll, muss, wie man sich anhand des Namens ebenfalls schon denken kann, eine utilitaristische Regel sein. Die Regeln entsprechen dann diesem Prinzip, wenn sie, sofern sich alle daran halten würden, den größtmöglichen Nutzen für die größtmögliche Zahl der Menschen bringen würden. Man soll sich also nicht daran aufhalten sich die Frage zu stellen, was passiert wenn man in der gegebenen Situation so handelt, sondern was passiert, wenn alle in einer vergleichbaren Situation so handeln.

Was der Utilitarismus unabhängig von diesen beiden Subkategorien will ist Glück.

„Fragen nach Zwecken sind (mit anderen Worten) Fragen danach, welche Dinge wünschenswert sind. Der Utilitarismus sagt, dass Glück wünschenswert ist, dass es das Einzige ist, was als Zweck wünschenswert ist, und dass alles andere nur als Mittel zu diesem Zweck wünschenswert ist." [7] Alle anderen Sachen nach denen die Menschen streben, werden von ihnen also nicht um ihretwillen, sondern nur zum Erreichen des Glücks gewollt. Es sind Teile des Glücks.

Iphigenie, aus dem zu Anfang genannten Beispiel könnte man also eher dem Regelutilitarismus zuschreiben, dieser benötigt immerhin nach anfänglichen Überlegungen über die Regeln, bei einzelnen Situationen keine weiteren mehr.

Thoas wiederum kann man dem Handlungsutilitarismus zuschreiben, drückt der doch mit seinen Worten aus, dass eine Handlung sehr wohle viele Überlegungen bedarf, kann aus einer guten Absicht, wie dem Einhalten eines Versprechens, auch etwas Schlechtes erfolgen.

Mill selbst schreibt: „Es gibt keine ethische Lehre, die nicht die Strenge ihrer Gesetze mildert, indem sie einen gewissen Spielraum zur Anpassung an die jeweils besonderen Umstände gewährt und sich dazu auf die moralische Verantwortung des Handelnden verlässt;" [8]

Die meisten Menschen würden, rein instinktiv, dem vermutlich zustimmen und eine Form von Regelutilitarismus mit Anleihen aus dem Handlungsutilitarismus bevorzugen.

---

[7] Mill, John Stuart. Utilitarismus. 4. Kapitel
[8] Mill, John Stuart. Utilitarismus. 2. Kapitel

laut Darwall, drei Kriterien beachten und zwar, dass die Auswirkung der Handlung unter den Aspekten Wann? Wo? Und Wem? Begutachtet werden muss. Das heißt, es ist irrelevant ob die Vermehrung des Glücks bei einem selbst, oder in Asien stattfindet, ob es jetzt Vorteile bringt oder erst in geraumer Zeit und das es egal ist welcher Person die Verbesserung des eigenen Glücks zugute kommt.[3] Ebenfalls muss man zu dem Glück, dass die Handlung bringt auch noch das Leid welches sie hervorruft mit einberechnen. Man kann quasi das Leid vom Glück subtrahieren und dann sehen ob noch genug Glück übrig ist.[4] Mit solchen Aussagen bringt man den Utilitarismus in abstraktere Bahnen, da es schwer ist dem subjektiven Glücksempfinden einen Wert zu geben. Mill schreibt dazu: „Von zwei Freuden ist diejenige wünschenswerter, die von allen oder nahezu allen, die beide erfahren haben – ungeachtet des Gefühls, eine von beiden aus moralischen Gründen vorziehen zu müssen -, entschieden bevorzugt wird."[5] „Darüber welche von zwei Befriedigungen es sich zu verschaffen am meisten lohnt oder welche von zwei Lebensweisen ungeachtet ihrer moralischen Eigenschaften und ihrer Folgen dem menschlichen Empfinden am meisten zusagt, kann nur das Urteil derer, die beide erfahren haben, oder, wenn sie auseinander gehen sollten, das der Mehrheit unter ihnen als endgültig abgeben."[6]

Hierbei kann es allerdings dann auch schneller zu gemeinsamen Einigungen auf allgemeine Regeln kommen, basiert die Einschätzung ja dann auf einem Mehrheitsvotum, die dem Handlungsutilitarismus nicht unbedingt entsprechen, möchte er doch jede Handlung subjektiv und situationsabhängig betrachten.

So gelangt man also zu einer anderen Richtung des Utilitarismus, dem Regelutilitarismus. Hier ist die Beurteilung der Handlung nicht mehr situativ, sonder folgt, wie der Name schon vermuten lässt, Regeln. Dadurch wird der Regelutilitarismus in der Realität leichter anzuwenden sein, da er nicht bei jeder Situation ein erneutes Reflektieren über die Folgen fordert, sondern sich an allgemeinen Regeln festhalten kann. Die hier zu befolgenden Regeln, wie zum Beispiel, dass das Brechen eines Versprechens falsch ist, haben dennoch einen utilitaristischen Charakter, formieren sie sich doch auf utilitaristischen Prinzipien. Eine Regel, welche im Regelutilitarismus

---

[3] Darwall, Stephen. Philosophical Ethics. S. 128
[4] Ebenda. S. 129
[5] Mill, John Stuart. Utilitarismus. 2. Kapitel
[6] ebenda

Essay IV

„Utilitarismus"

„Iphigenie: Um Guts zu tun, braucht's keiner Überlegung.

Thoas: Sehr viel! Denn auch dem Guten folgt das Übel." [1]

Diesen kleine Gesprächsfetzen, entnommen aus Goethes Werk „Iphigenie auf Tauris",
kann man zum Heranführen an eine der, gerade in heutiger Zeit, immer populärer
werdende Philosophische Denkrichtung benutzen, dem Utilitarismus.

Der Utilitarismus selbst beurteilt Handlung, im Gegensatz zur Kant'schen Ethik, nach
den Folgen der Selbigen und nicht nur durch die bloße Handlung selbst. Eine Handlung
gelte dann als gut, wenn sie das größtmögliche Glück, für die größtmögliche Zahl der
Menschen bringt. Eine Handlung ist dann gut, wenn sie Glück fördert. Mill schreibt in
seinem Hauptwerk, welches passenderweise den Titel „Utilitarismus" trägt: „Die
Auffassung, für die die Nützlichkeit oder das Prinzip des größten Glücks die Grundlage
der Moral ist, besagt, dass Handlungen insoweit und in dem Maße moralisch richtig
sind, als sie die Tendenz haben, Glück zu befördern, und insoweit moralisch falsch, als
sie die Tendenz haben, das Gegenteil von Glück zu bewirken." [2]

Kann man also nun, wie Goethe es Iphigenie in den Mund legt, sagen, dass man über
die Handlungen nicht nachdenken muss? Man solle, so meint man doch, zuerst
reflektieren, welche Folgen jede separat ausgeführte Handlung für die Betroffenen hat.
Diese Denkweise wäre dem Handlungsutilitarismus oder Aktutilitarismus
zugeschrieben, welcher subjektiv, ausgehend von den momentanen Gegebenheiten, eine
Handlung analysiert. Es sind hier also keine allgemeinen Normen gültig, die
beispielsweise besagen, dass man nicht lügen sollte. Wenn die Lüge in diesem,
speziellem Fall, auf den der Handlungsutilitarist stößt, eine bessere Konsequenz als die
Wahrheit hervorbringen würde, so ist er dazu angehalten zu lügen. Man könnte hier,

---

[1] Goethe, Johann Wolfgang von. Iphigenie auf Tauris. 5. Aufzug, 3. Auftritt
[2] Mill, John Stuart. Utilitarismus. 2. Kapitel

Essay IV

„Utilitarismus"

Von

Robin Materne

Einführung in die praktische Philosophie

24. Juni 2011

GRIN - Your knowledge has value

Der GRIN Verlag publiziert seit 1998 wissenschaftliche Arbeiten von Studenten, Hochschullehrern und anderen Akademikern als eBook und gedrucktes Buch. Die Verlagswebsite www.grin.com ist die ideale Plattform zur Veröffentlichung von Hausarbeiten, Abschlussarbeiten, wissenschaftlichen Aufsätzen, Dissertationen und Fachbüchern.

Besuchen Sie uns im Internet:

http://www.grin.com/

http://www.facebook.com/grincom

http://www.twitter.com/grin_com

Bibliografische Information der Deutschen Nationalbibliothek:

Die Deutsche Bibliothek verzeichnet diese Publikation in der Deutschen National-
bibliografie; detaillierte bibliografische Daten sind im Internet über http://dnb.d-
nb.de/ abrufbar.

Dieses Werk sowie alle darin enthaltenen einzelnen Beiträge und Abbildungen
sind urheberrechtlich geschützt. Jede Verwertung, die nicht ausdrücklich vom
Urheberrechtsschutz zugelassen ist, bedarf der vorherigen Zustimmung des Verla-
ges. Das gilt insbesondere für Vervielfältigungen, Bearbeitungen, Übersetzungen,
Mikroverfilmungen, Auswertungen durch Datenbanken und für die Einspeicherung
und Verarbeitung in elektronische Systeme. Alle Rechte, auch die des auszugsweisen
Nachdrucks, der fotomechanischen Wiedergabe (einschließlich Mikrokopie) sowie
der Auswertung durch Datenbanken oder ähnliche Einrichtungen, vorbehalten.

Impressum:

Copyright © 2012 GRIN Verlag GmbH
Druck und Bindung: Books on Demand GmbH, Norderstedt Germany
ISBN: 978-3-656-47501-9

Dieses Buch bei GRIN:

http://www.grin.com/de/e-book/231640/utilitarismus